Jean de Brunhoff

BABAR macht eine Reise

Carlsen

Und wirklich: Als der Zirkus ein paar Tage später in der großen Stadt ankommt, in der Babar die alte Dame kennengelernt hat, reißen die Elefanten einfach aus!

»Wer ist da?« ruft die alte Dame, als Babar und Céleste mitten in der Nacht bei ihr klopfen. »Wir sind es!« ruft Babar. Das ist ein freudiges Wiedersehen!

Damit Babar und Céleste ihre schlechten Erlebnisse schnell vergessen, machen sie ein paar Tage Ferien mit der alten Dame.

In den Bergen vor der Stadt lernen sie Skifahren.

Schließlich wollen Babar und Céleste aber doch zurück in das Land der Elefanten. Sie werden mit dem Flugzeug fliegen.

Und die alte Dame wird ihre Freunde begleiten.
Babar freut sich: Lange schon wollte er seiner
Freundin sein Königreich zeigen.

Als sie wohlbehalten im Land der Elefanten angekommen sind, bittet Babar die alte Dame, doch für immer bei ihnen zu bleiben. Und die alte Dame nickt lächelnd.

König Babar und Königin Céleste gehen mit einem großen, gelben Ballon auf Hochzeitsreise. Die Luft ist mild, es weht ein leichter Wind, und das Meer leuchtet blau.

Aber plötzlich kommt Wind auf. Der Ballon fängt an zu schaukeln. Babar und Céleste geraten in einen Sturm.

Zum Glück weht ein Windstoß den Ballon auf eine Insel mitten im Meer. »Wir sind gerettet!« ruft Babar.

Der Wal hatte versprochen, Babar und Céleste wieder abzuholen. Aber dann hat er die beiden vergessen! Céleste ist verzweifelt.

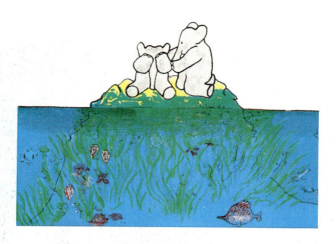

Der Wal läßt Babar und Céleste auf seinen Rücken klettern und schwimmt los. Aber als er plötzlich einen Schwarm kleiner Fische entdeckt, setzt er die beiden Elefanten rasch auf einem Felsen ab und taucht ins tiefe Meer hinunter.

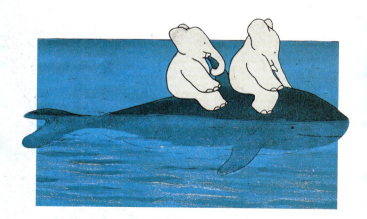

Während ihre Kleider in der Sonne trocknen, sehen sich Babar und Céleste die Insel an. Da taucht vor ihnen ein großer Wal auf. »Guten Tag«, sagt Babar höflich. »Wir mußten mit unserem Ballon notlanden. Hätten Sie wohl die Freundlichkeit, uns nach Hause zu bringen?«

Fernando ist sehr zufrieden. Er nimmt die beiden mit. »Nur Geduld, Babar!« flüstert Céleste. »Wir werden nicht lange bei ihm bleiben!«

Man hat sie gesehen! Der Kapitän schickt ein Boot, das Babar und Céleste abholt. Doch dann schenkt er die beiden Elefanten dem berühmten Dompteur Fernando für seinen Zirkus.

Endlich, nach einer ganzen Weile, kommt ein Schiff vorbei. Die beiden winken und rufen, so laut sie können. Ob man sie wohl sieht?

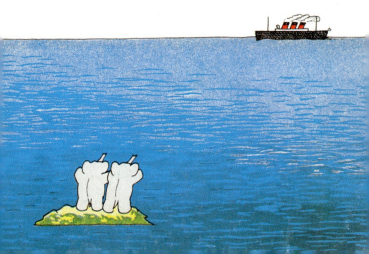